LA BELLE ANTONIA

PAR

LE VICOMTE PONSON DU TERRAIL

auteur de

Les Étudiants de Heidelberg, les Gandins, la Jeunesse du Roi Henri, le Serment des quatre Valets, les Mémoires d'un Homme du Monde, le diamant du Commandeur, les Drames de Paris, les Exploits de Rocambole, le Club des Valets de Cœur, la Revanche de Baccarat, la Dame au Gant noir, les compagnons de l'Épée ou les Spadassins de l'Opéra, la Belle Provençale, la Cape de l'Épée, la Contessina, les Cavaliers de la Nuit, Bavolet, Diane de Lancy, la Tour des Gerfauts.

III

PARIS

L. DE POTTER, LIBRAIRE-ÉDITEUR

RUE FONTAINE MOLIÈRE, 27.

LA BELLE ANTONIA

NOUVEAUTÉS EN LECTURE

DANS TOUS LES CABINETS LITTÉRAIRES.

L'Homme rouge, par Ernest CAPENDU, 5 vol. in-8.
L'Ame et l'ombre d'un Navire, par G. de LA LANDELLE, 5 v. in-8.
Le Serment des quatre valets, roman historique, par le vicomte PONSON DU TERRAIL. 7 vol. in-8.
Le Nain du Diable, par la comtesse DASH. 4 vol. in-8.
Le Ménage Lambert, par A. de GONDRECOURT. 2 vol. in-8.
Fleurette la Bouquetière, par Eugène SCRIBE. 6 vol. in-8.
Le Parc aux Biches, par Xavier DE MONTÉPIN. 6 vol. in-8.
La Maîtresse du Proscrit, par Emmanuel GONZALÈS. 4 vol. in-8.
Les Étudiants de Heidelberg, histoire du siècle de Louis XIV, par le vicomte PONSON DU TERRAIL. 7 vol. in-8.
Les Mystères de la Conscience, par ÉTIENNE ENAULT. 4 vol. in-8.
Les Gandins, par le vicomte PONSON DU TERRAIL. 6 v. in-8.
L'Homme des Bois, par Élie BERTHET. 6 vol. in-8.
Les trois Fiancées, par Emmanuel GONZALÈS. 3 vol. in-8.
Les Marionnettes du Diable, par X. DE MONTÉPIN, 6 vol. in-8.
Le Diamant du Commandeur, par PONSON DU TERRAIL. 4 vol.
Le Douanier de mer, par ÉLIE BERTHET, 5 vol. in-8.
Mlle Colombe Rigolboche, par Maximilien PERRIN. 4 vol. in-8.
Morte et Vivante, par Henry de KOCK. 3 vol. in-8.
Daniel le laboureur, par Clémence ROBERT. 4 vol. in-8.
Les grands danseurs du roi, par Ch. RABOU. 3 vol. in-8.
Le Pays des Amours, par Maximilien PERRIN. 3 vol. in-8.
La jeunesse du roi Henri, par PONSON DU TERRAIL. 6 vol in-8.
L'Amour au bivouac, par A. DE GONDRECOURT. 5 vol. in-8.
Les Princes de Maquenoise, par H. de SAINT-GEORGES, 6 v. in-8.
Le Cordonnier de la rue de la Lune, par Théod. ANNE. 4 v. in-8.
La Belle aux yeux d'or, par la comtesse DASH, 3 vol. in-8.
La Revanche de Baccarat, par PONSON DU TERRAIL, 6 vol. in-8.
Le Roi des gueux, par Paul FÉVAL, 6 vol. in-8.
Une Femme à trois visages, par Ch. Paul de KOCK, 6 vol. in-8.
Une Existence Parisienne, par Mme de Bawr, 3 vol. in-8.
Les Yeux de ma tante, par Eugène SCRIBE. 6 vol. in-8.
Les Exploits de Rocambole, par PONSON DU TERRAIL. 8 vol. in-8.
Le Bonhomme Nock, par A. de GONDRECOURT. 6 vol. in-8.
Le Vagabond, par E. ENAULT et L. JUDICIS. 4 vol. in-8.
Les Ruines de Paris, par Charles MONSELET. 4 vol. in-8.
Les Viveurs de Province, par Xavier de MONTÉPIN. 6 vol. in-8.
Les Coureurs d'Amourettes, par Maximilien PERRIN. 3 vol. in-8.
La dame au gant noir, par PONSON DU TERRAIL. 8 vol. in-8.
Les Émigrants, par Élie BERTHET. 5 vol. in-8.
Les Cheveux de la reine, par madame la comtesse DASH 3 vol. in-8.
La Rose Blanche, par Auguste MAQUET, 3 vol. in-8.
La Maison Rose, par Xavier DE MONTÉPIN, 6 vol. in-8.
Le club des Valets de Cœur, par PONSON DU TERRAIL, 8 vol. in-8.
Monsieur Cherami, par Ch. PAUL DE KOCK, 5 vol. in-8.
L'Envers et l'Endroit, par Auguste MAQUET. 4 vol. in-8.
Le Prix du sang, par A. DE GONDRECOURT. 5 vol. in-8.
Nena-Sahib, par Clémence ROBERT. 3 vol. in-8.
La Reine de Paris, par Théodore ANNE. 3 vol. in-8.
Un ami de ma femme, par Maximilien PERRIN. 3 vol. in-8.
La Maison Mystérieuse, par mad. la comtesse DASH, 4 vol. in-8.

Pour la suite des Nouveautés, demander le Catalogue général qui se distribue gratis.

Paris. — Imprimerie de P.-C. BOURDIER et Cie, rue Mazarine, 30.

LA BELLE ANTONIA

PAR

LE VICOMTE PONSON DU TERRAIL

auteur de

Les Étudiants de Heidelberg, les Gandins, la Jeunesse du Roi Henri, le Serment des quatre Valets, les Mémoires d'un Homme du Monde, le diamant du Commandeur, les Drames de Paris, les Exploits de Rocambole, le Club des Valets de Cœur, la Revanche de Baccarat, la Dame au Gant noir, les compagnons de l'Épée ou les Spadassins de l'Opéra, la Belle Provençale, la Cape de l'Épée, la Contessina, les Cavaliers de la Nuit, Bavolet, Diane de Lancy, la Tour des Gerfauts.

III

PARIS

L. DE POTTER, LIBRAIRE-ÉDITEUR

RUE FONTAINE MOLIÈRE, 27.

Droits de traduction et de reproduction réservés.

1862

LES
PRINCES DE MAQUENOISE
PAR
H. DE SAINT-GEORGES

auteur de l'*Espion du grand monde*, un *Mariage de prince*, et des œuvres dramatiques suivantes : les *Mousquetaires de la Reine*, le *Val d'Andorre*, la *Reine de Chypre*, la *Fille du régiment*, etc., etc.

Les *Princes de Maquenoise* ont produit une grande impression à leur apparition.

Cette impression est due non-seulement au mérite de ce livre et au nom de l'auteur, mais à ce qu'on y retrouve les brillantes qualités des meilleures productions de M. de Balzac.

Originalité puissante du sujet, observation merveilleuse du cœur humain et de la vie sociale, de la vie de Paris, surtout; cette tendre et religieuse philosophie de l'âme qui touche parfois aux idées les plus élevées, et explique la popularité si générale, si européenne des romans de Balzac, voilà ce qui existe à un degré très-éminent dans les *Princes de Maquenoise*.

Quant à la partie théâtrale et saisissante du drame, on peut s'en rapporter à M. de Saint-Georges, l'auteur de tant d'ouvrages dramatiques qui depuis quinze années font la fortune de tous les théâtres de notre capitale et des pays étrangers.

Un auteur d'une grande valeur, Mme Ch..... R......, disait en achevant un livre de M. de Saint-Georges : Quand on termine un de ses chapitres on croit toujours voir baisser la toile.

C'est à la fois un grand éloge et une vérité.

LES
MYSTÈRES DE LA CONSCIENCE
PAR
ÉTIENNE ÉNAULT

La conscience est assurément le plus étrange et le plus terrible attribut de l'âme humaine. Le roman et le théâtre l'ont déjà étudiée en ses diverses manifestations. Mais, nous osons le dire, jamais ses mystères n'ont été aussi savamment approfondis que dans l'œuvre dont nous signalons ici la publication.

Presque toutes les fois qu'on a dramatisé le remords, on a mis en scène des assassins n'inspirant que terreur ou dégoût et fatalement marqués pour l'échafaud. Tôt ou tard la loi intervient, les coupables sont punis, en sorte que la justice de Dieu, n'est, en réalité, que la justice des hommes. Conclusion salutaire mais incomplète. Dans LES MYSTÈRES DE LA CONSCIENCE, M. Étienne Énault a voulu dégager le principe divin de toute appréhension causée par le code criminel et donner ainsi au remords son caractère le plus saisissant et le plus moral. Il a fait de Maxime Tréhouart une sorte d'ange rebelle, dont le forfait n'est point irréparable, mais qui a résolu de dompter sa conscience. Dans une lutte acharnée le titan est vaincu, et son repentir amène sa rédemption. Ici, tout est indépendant de la vindicte sociale. Dieu seul est le justicier : ce qui prouve que rien n'échappe à sa loi souveraine, éternelle.

Autour du personnage principal, dessiné avec une vigueur peu commune, se groupent des types variés, odieux ou charmants, qui rappellent l'énergie de Balzac et la grâce de George Sand. Quant au style, nous croyons qu'aucun ouvrage dramatique n'est écrit avec plus de force, d'élégance et de pureté.

Paris. — Imprimerie de P.-A. BOURDIER et Cie, 30, rue Mazarine.

CHAPITRE VINGT-SEPTIÈME.

XXVII

— Parlez, Mademoiselle.

— Quand vous m'avez rencontré au bois, me connaissiez-vous ?

— Non.

— Vous ignoriez qui j'étais ?

— Je vous le jure.

— Et c'est depuis lors...

— C'est depuis lors, murmura Raymond avec un accent dont l'émotion garantissait la sincérité, c'est depuis lors que... je vous aime !

— Chut ! fit-elle. Vous allez un peu vite, monsieur Raymond... Tiens ! c'est un fort joli prénom, Raymond.

Le jeune homme tressaillit et un nuage passa sur son front.

Blanche reprit :

— Mais vous savez que ma mère et la baronne de Saunières ont un projet en tête.

— M. Raoul m'en a parlé.

— Or, pour les faire renoncer à ce projet, et pour que mon cousin et moi nous en arrivions tout doucement à nos fins, il faut beaucoup de ménagement et de prudence. Vous l'avez vu, Monsieur, ajouta la jeune fille avec tristesse, ma mère est malade sérieusement ; les émotions trop vives pourraient aggraver sa situation... Me comprenez-vous ?

— Oh! oui, Mademoiselle...

— Donc, vous ne reviendrez ici que dans trois jours.

— C'est bien long!

Blanche eut un sourire délicieux en regardant le jeune homme.

— La patience, dit-elle, est la vertu des vrais chevaliers.

En ce moment, la barque atteignit la la rive opposée de l'étang.

— Dans trois jours, répéta Blanche tout bas. Adieu, Monsieur...

Raymond, tout étourdi de son bonheur, sauta sur la berge après avoir salué madame de Bertaut et serré la main de M. de Saunières.

Un domestique du château était à quelques pas, tenant en main le cheval de Raymond.

Le jeune homme sauta en selle et lança son cheval au galop.

La barque demeura quelque temps immobile. Blanche écouta, toute frémissante, le galop du cheval, dont le bruit s'affaiblissait dans l'espace...

Puis M. de Saunières donna un coup d'aviron, le chaland vira de bord et glissa de nouveau vers le château de l'Orgerelle.

. . . .

Le lendemain de bonne heure, Blanche de Guérigny et madame de Bertaut descendirent dans le parc.

Blanche était un peu pâle, elle avait mal dormi.

Madame de Bertaut la regardait souriante et pensait :

— La pauvre enfant brûle de me faire des confidences.

Et, en effet, Blanche ne s'était levée d'aussi grand matin, elle n'avait proposé à sa dame de compagnie cette promenade dans le parc que pour causer librement de Raymond.

Et, certes, l'heure des confidences était proche, lorsqu'un troisième personnage se montra au bout de l'avenue.

C'était un ecclésiastique qui s'avançait lentement vers les deux jeunes femmes et les salua avec respect.

CHAPITRE VINGT-HUITIÈME

XXVIII

Il y a dans le Morvan, non loin de Chastellux, et tout près du château de l'Orgerelle, un couvent fameux qui porte le nom de la *Pierre-qui-vire.*

C'est une communauté de moines mendiants.

Or, le personnage qui s'avançait à la rencontre de mademoiselle de Guérigny dans la grande allée du parc, avait emprunté le costume de cet ordre.

Il vint droit aux deux jeunes femmes et les salua avec respect, leur disant :

— Quelle est celle de vous, mesdames, qui se nomme la marquise de Guérigny ?

— Mon père, répondit Blanche, je suis mademoiselle de Guérigny, et voilà madame de Bertaut. Si vous désirez voir ma mère...

— Vous êtes mademoiselle de Guérigny? fit le moine, qui manifesta un vif sentiment de joie.

— Oui, mon père.

— Oh! alors, reprit le religieux, je n'ai nul besoin de voir madame la marquise.

— D'autant, fit Blanche en souriant, que j'ai dans mes attributions le département des bonnes œuvres.

Et Blanche prit sa bourse à travers les

mailles de laquelle étincelaient quelques pièces d'or.

Mais le moine l'arrêta d'un geste.

— Vous vous trompez, mademoiselle, dit-il, je ne viens point vous solliciter pour mon couvent.

— Ah! fit Blanche étonnée.

— Je suis chargé d'une mission bien autrement importante, poursuivit le religieux, qui prit un air austère.

— Je vous écoute, mon père, dit la jeune fille.

Mais le moine paraissait hésiter.

— C'est que, fit-il, c'est un secret important que j'ai à vous confier.

— Suis-je de trop? demanda madame de Bertaut.

— Je ne puis, reprit le moine, parler devant une autre personne que mademoiselle ou sa mère.

— Eh bien! répondit la jeune veuve, je vous laisse avec ce bon père, Blanche. Vous me retrouverez dans ma chambre.

— Soit, dit Blanche, qui regardait le

religieux avec un sentiment de curiosité inquiète.

C'était un homme aux cheveux grisonnants; il était de haute taille, avec une figure longue, austère et plutôt militaire que monacale.

Blanche ne voulut point s'éloigner avec lui. Elle alla s'asseoir sur un banc, à cent mètres environ du château, afin de demeurer bien en vue.

Puis elle dit au moine :

— Maintenant, mon père, vous pouvez parler, je vous écoute...

Pendant ce temps, madame de Bertaut, non moins intriguée, remontait dans sa chambre.

Il n'était guère alors que huit heures du matin. Madame de Saunières et la marquise de Guérigny étaient encore au lit.

On n'avait point vu Raoul. Sans doute, il était à la chasse.

Madame de Bertaut s'enferma dans sa chambre; mais elle alla s'asseoir auprès de la croisée, écarta le rideau à demi et regarda dans le parc.

Le moine se tenait debout devant mademoiselle de Guérigny, qui paraissait l'écouter avec une grande attention.

— Que peut-il avoir à lui dire ? pensait madame de Bertaut, qui vit, à un certain moment, Blanche se lever à demi et laisser échapper un geste de surprise.

Mais l'attention de madame de Bertaut fut soudain détournée par deux petits coups frappés à sa porte.

— Entrez ! dit-elle.

La porte s'ouvrit, et M. Raoul de Saunières pénétra dans la chambre de la veuve.

Raoul était un peu pâle et semblait en proie à une émotion mal contenue.

— Comment ! monsieur le baron, dit la veuve, vous n'êtes point à la chasse ?

— Non, madame.

— Mais c'est extraordinaire !

— Peut-être...

— Et, dit la veuve avec enjouement, qui me vaut l'honneur de votre visite ?

— Le motif qui m'empêche de chasser ce matin, madame.

— En vérité ! Et ce motif, je vais le connaître, sans doute ?

— Certainement. Je désire causer quelques instants avec vous.

— Ah ! fit madame de Bertaut souriant, je devine quel va être le sujet de notre conversation, monsieur. Vous allez me parler de votre cousine et de son bel amoureux...

— D'abord.

— Savez-vous, continua la veuve, que nous jouons, vous et moi, un rôle qui pourrait bien indisposer sérieusement la marquise de Guérigny et madame la baronne, votre mère ?

— Pourquoi ? fit Raoul.

— Mais parce que ces dames sont loin de supposer la vérité.

— Il faudra, dit Raoul, qu'elles l'apprennent un jour.

— Mais ce sera une déception complète?

— Pour madame de Guérigny, c'est possible.

— Comment! vous pensez que madame votre mère...?

— Ma mère trouvera bien ce que je ferai, soyez-en sûre..., et la femme que j'aimerai sera la bru de son choix.

— Mais, dit madame de Bertaut, qui éprouva un vague et subit malaise, il me semble que cette bru est encore à trouver...

— Qui sait? fit le jeune homme avec émotion.

Et il s'assit auprès de la veuve; car, jusque-là, il était demeuré debout, son chapeau à la main.

— Je suis un peu comme ma cousine, reprit-il, j'ai sur le mariage des idées à moi.

— Vraiment? fit madame de Bertaut.

— Je suis riche : je ne veux épouser que la femme qui, à première vue, aura fait battre mon cœur.

— Mais, monsieur, dit madame de Bertant, ceci ne se rencontre que dans les romans.

— Vous croyez?

— Oh! j'en suis sûre...

— Cependant, voyez ma cousine...

— C'est que Blanche est une petite tête folle...

M. de Saunières hocha la tête, puis, avec un sourire mélancolique, il reprit :

— Je connais, moi, une pauvre veuve,

aussi vertueuse que belle, aussi bonne qu'intelligente...

Madame Bertaut tressaillit.

— Et comme mon cœur s'est pris à battre, poursuivit Raoul avec émotion, du jour où je l'ai vue pour la première fois...

Madame de Bertaut tressaillit.

— Je me suis pris à faire un rêve, poursuivit Raoul avec émotion, un rêve de bonheur et d'avenir. J'ai songé à me mettre à ses genoux et à lui dire : Est-ce que vous ne voudriez pas me permettre de passer ma vie à vos pieds? — est-ce que vous refuseriez d'accepter mon nom, et ne partageriez-vous point avec moi cette fortune dont, seul, je n'ai que faire?...

Et comme il disait cela, Raoul se laissa glisser de son siége, fléchit un genou, prit la main de la veuve dans les siennes, la porta à ses lèvres et murmura :

— Mais vous n'avez donc pas vu, madame, que je vous aimais?...

Madame de Bertaut poussa un cri et
cacha son visage rougissant dans ses deux
mains.

. . . .

CHAPITRE VINGT-NEUVIÈME

XXIX

Quel était donc ce moine de la *Pierre-qui-vire*, et qu'avait-il donc de si important à dire à mademoiselle de Guérigny?

Il nous faut, pour le savoir, nous transporter au village de Cerizay et rétrograder de quelques heures.

Le maître de l'unique auberge du pays venait de se lever. Il était quatre heures du matin; le jour ne paraissait point encore.

L'aubergiste était un brave homme de paysan qui s'occupait beaucoup plus de ses vignes et de son blé que des gens qui logeaient chez lui.

Le major et le petit baron s'étaient donnés pour des marchands de bois. Ils payaient bien et buvaient sec; c'était tout ce qu'il lui fallait, et il ne s'était pas préoccupé d'eux davantage.

Or, après s'être levé, il avait allumé son feu, puis il était allé donner à manger à ses chevaux, tandis que le major et le petit baron sortaient du lit et venaient se chauffer.

— Sais-tu, disait le major, que nous ne sommes pas plus avancés que le premier jour?

— Dame!

— Cet imbécile de Baptiste a déployé toute son intelligence à faire sauter le pont du ravin, et cela en pure perte.

D'abord ce n'était pas Raymond qui arrivait au galop...

— Et ensuite, dit le petit baron, le cavalier en a été quitte pour la peur. Le cheval s'est cabré, a fait volte-face et a repris le chemin qu'il venait de suivre. M. Olivier aura eu simplement une bonne trotte à faire pour retourner à Bois-Lambert. Si Baptiste ne trouve pas un nouveau moyen de se débarrasser de Raymond...

— Tout est perdu, dit froidement le major, — à moins que je ne voie mademoiselle de Guérigny aujourd'hui même.

— Pourquoi?

— J'ai mon idée, dit le major.

Et il se frappa le front.

— Oh! fit-il je donnerais je ne sais quoi pour avoir un déguisement convenable à la circonstance...

Tandis que le major parlait de déguisement, on entendit dans la rue le pas d'un mulet, et derrière le mulet une voix nasillarde qui disait :

— N'oubliez pas le couvent de la *Pierre-qui-vire*.

Le major alla se placer sur le seuil, et, aux premières lueurs de l'aube, il aperçut le frère quêteur du couvent.

— Vous commencez votre tournée de bon matin, mon père, lui dit le major en le saluant, tandis que le mulet qui, sans doute, en avait l'habitude, s'arrêtait devant la porte de l'auberge.

Le moine rendit le salut.

— Vous vous trompez, monsieur, dit-il, je ne commence pas ma tournée, je la finis, au contraire.

— Comment! vous quêtez la nuit?

— Pas précisément; mais je viens d'Auxerre, et j'ai voyagé toute la nuit à pied, derrière mon mulet. Nous sommes aussi las l'un que l'autre.

— Voilà pour votre couvent, dit le major en lui donnant cent sous.

Le moine tendit son aumônière et répondit :

— Dieu vous le rende!

— Entrez donc! mon frère, reprit le major, vous prendrez un air de feu et vous boirez un coup.

— Ce n'est point de refus, dit le moine.

Il attacha son mulet à un anneau de fer scellé dans le mur, puis il entra dans la cuisine et s'assit au coin de la cheminée, non sans avoir regardé curieusement le major et son compagnon.

— Vous êtes voyageurs, messieurs? fit-il.

— Nous venons acheter du bois et du charbon, répondit le major.

Le moine salua de nouveau.

— Votre couvent est-il encore bien loin d'ici? reprit le major.

— Trois grandes lieues et de mauvais chemins.

— Pauvre bête! dit le major, jetant par

la porte entr'ouverte un regard au mulet, un peu d'avoine lui ferait grand bien...

— C'est vrai, dit le moine.

— Et vous, mon frère, si vous dormiez une heure ou deux, après avoir bu un coup et cassé une croûte?...

— Ah! dame!... fit le moine.

— C'est nous qui payons, ajouta le major.

Et comme l'aubergiste rentrait :

— Hé! le bourgeois, continua-t-il, servez-nous donc un morceau de lard, du bon vin et une goutte de fine eau-de-vie. En même temps vous mettrez ce mulet à l'écurie.

L'aubergiste, qui donnait à peine, de loin en loin, une croûte de pain pour le couvent, comprit que les marchands de bois payaient; et, dès lors, il n'eut aucune objection à faire.

Il mit le mulet à l'écurie, dressa la table, fit chauffer une soupe au lard cuite de la veille, et alla tirer de son meilleur vin.

Pendant ces préparatifs, le major s'adressait cet aparté :

— Voilà un gaillard qui est juste de ma taille. Sa soutane m'ira comme un gant! Le difficile serait de l'avoir; en toute autre circonstance...; mais je suis un homme de précaution, et je ne voyage jamais sans ma *petite pharmacie*.

Ce que le major désignait ainsi était une boîte carrée dans laquelle se trouvaient différentes fioles, une entre autres qui contenait du laudanum.

Le major remonta dans sa chambre une minute, prit cette fiole et revint s'asseoir auprès du moine.

Le feu pétillait, la table était mise. Le pauvre religieux, qui était transi, se réchauffait peu à peu ; il avait faim et mangea de bon appétit, il avait soif et but à longs traits.

L'aubergiste s'en était allé labourer, laissant les prétendus marchands de bois maîtres de la maison.

— Maintenant, dit le major au religieux,

lorsqu'il eut terminé son repas, jetez-vous donc sur mon lit, mon frère, vous dormirez quelques heures.

Le religieux se leva en chancelant :

— C'est singulier! dit-il, ce petit vin que nous avons bu casse la tête... quand on n'y est pas habitué.

Et il se jeta tout vêtu sur le lit du major, et quelques minutes après il dormait d'un profond sommeil.

— Allons! vite, dit alors le major au petit baron, dépêchons-nous.

— Hein?

— Déshabillons ce pauvre diable.

— Pourquoi faire?

— Tu le sauras plus tard.

— Mais s'il se réveille?

— Oh! pas de danger. J'ai versé trois gouttes de laudanum dans son verre, tandis qu'il tournait la tête. Le canon d'une citadelle ne le réveillerait pas...

Et le major dépouilla le religieux de sa soutane, puis il s'en revêtit.

— Mais que faites-vous donc là? s'écria le petit baron.

— Je me déguise en moine.

— Dans quel but?

— Je vais faire une visite.

— A qui?

— A mademoiselle de Guérigny.

Et lorsqu'il se fut ainsi métamorphosé, le major, sans vouloir s'expliquer davantage, se sauva par le jardin de l'auberge, afin de ne pas traverser le village, gagna les bois, le chemin de l'Orgerelle, et arriva dans le parc du château, où nous l'avons vu aborder Blanche de Guérigny.

. . . .

Le major, dont Blanche ne révoqua pas un seul instant en doute le caractère religieux, était, disait-il, chargé de faire appel à la loyauté de la jeune fille pour réparer une injustice.

Et il raconta successivement à mademoiselle de Guérigny l'histoire de Jeanne l'aveugle et celle de Raymond; seulement, dans son récit, il omit le nom de ce dernier, prétendant qu'il l'ignorait.

Jeanne, disait-il, vivait avec son fils, à Paris, dans la plus affreuse misère.

Et lorsque le major eut fini, Blanche s'écria :

— Mais le fils de Jeanne l'aveugle, c'est aussi le fils de mon oncle, le duc de C...?

— Oui, mademoiselle.

— Et la fortune dont je jouis....., c'est la sienne !...

— Pas tout à fait, dit hypocritement le

major. Votre oncle n'a pas épousé Jeanne l'aveugle.

— Oh! qu'importe! dit-elle. C'est son fils..., et je lui rendrai cette fortune! Attendez-moi là, mon père, attendez-moi un moment...; il faut que justice soit faite!...

Et Blanche de Guérigny, toute bouleversée, monta chez sa mère en toute hâte, murmurant :

— Ce soir même, je pars pour Paris!

CHAPITRE TRENTIÈME.

XXX

Olivier de Kermarieuc et son ami Raymond causaient fort tranquillement le lendemain du jour où ils avaient dîné au château de l'Orgerelle.

Raymond, ivre de bonheur, racontait à son ami le doux entretien qu'il avait eu avec Blanche de Guérigny.

— Ah! mon ami, disait-il, combien je suis rajeuni depuis hier!... combien je suis heureux! et comme le passé, ce passé hideux qui m'a fait douter un moment de l'amitié et de l'amour, se trouve maintenant loin de moi!

— Eh! parbleu! mon cher ami, répondait Olivier, ne sais-tu pas que le chaînon de la vie est forgé d'une maille de fatalité et d'une maille de bonheur? Tu as commencé par l'une, il est juste que tu finisses par l'autre.

Cependant Raymond secoua la tête d'un air de doute :

— Eh! qui sait? dit-il, s'il n'y a pas un troisième anneau à ce chaînon dont tu parles?

— Bah!

— Tu sais bien que le sentiment distinctif du bonheur, c'est la crainte.

— Soit, tremble tant que tu voudras, dit

Olivier en riant; mais moi, j'ai de bonnes raisons pour croire que tu es en veine...

— Hein? fit Raymond surpris.

— Voyons! as-tu un peu ta tête à toi, es-tu capable de m'écouter sans m'interrompre à chaque minute pour murmurer le nom de Blanche?

— Mais oui... parle...

— Eh bien! tu as échappé hier à une catastrophe.

— Moi?

— Toi, cher ami.

— Comment cela ?

— Le baron, en te ménageant un tête-à-tête dans la barque avec mademoiselle de Guérigny, t'a, sans le vouloir, préservé d'une mort à peu près certaine.

Raymond regarda son ami avec un étonnement profond.

— Tu sais que je suis sorti à cheval ce matin ?

— Sans doute ; et j'ai trouvé léger que tu ne m'aies point prié de t'accompagner.

— J'avais mes raisons.

— Ah!

— D'abord tu dormais. Le sommeil d'un amoureux est sacré comme le sommeil d'un roi. L'amour est un royaume à l'abri des révolutions. Ensuite je voulais me rendre compte de mon aventure d'hier soir...

— Quelle aventure ?

— Ah! tu vas voir... Figure-toi que je suis parti de l'Orgerelle par le chemin des ruines ?

— Oui. Eh bien!

— Te souviens-tu du pont sur lequel nous avions passé en allant?

— Oui, certes.

— Eh bien! la nuit était noire, mon cheval galopait; je n'étais plus qu'à deux pas du pont, lorsque le ciel s'est entr'ouvert et a vomi un éclair.

Mon cheval s'est cabré, — non pas d'épouvante, comme tu pourrais le croire, mais pour ne point rouler dans le précipice.

— Comment le précipice?

— Eh! oui... Tandis que nous dînions tranquillement au château de l'Orgerelle, le pont s'est écroulé dans le ravin.

— Mais c'est impossible, s'écria Raymond.

— C'est impossible, mais vrai. Les événements vraisemblables sont généralement faux.

— Mais un pont ne s'écroule pas sans avoir menacé ruines...

— Tu vois bien le contraire! mon cheval a volté rapidement, et grâce à cette manœuvre, nous avons été sains et saufs, lui et moi. Alors je suis redescendu jusqu'à l'endroit où le chemin de l'Orgerelle croise la route et je suis revenu à Bois-Lambert.

— Je me suis même étonné, observa Raymond, de te voir arriver après moi!...

— Et je t'ai répondu que j'avais fumé un cigare dans la ruine..., je ne voulais pas troubler ta félicité.

— Et ce matin tu es allé revoir le pont écroulé ?

— Oui, je te jure que si j'étais tombé

dans le ravin, je ne me serais pas relevé.

— Bon! dit Raymond, tout frissonnant à la pensée du danger qu'avait couru son ami; mais puisque ton cheval s'est cabré, le mien se serait cabré pareillement, je ne vois pas où j'ai eu tant de bonheur...

— Ton cheval, — Baptiste me l'a confessé ce matin, — a peur de la foudre.

— Ah! c'est juste! il s'est emporté hier soir dans la forêt.

— Eh bien! suppose qu'il se soit emporté près du pont...

— C'est vrai, dit Raymond avec un sourire mélancolique. — Je suis un homme heureux... pourvu que cela dure !

Les deux jeunes gens se promenaient, en causant ainsi, sur le bord de la route qui, en cet endroit, traversait la forêt.

Tout à coup ils entendirent le bruit d'une voiture et se retournèrent.

Ils aperçurent un breack à deux chevaux qui arrivait bon train sur eux et venait du côté de l'Orgerelle.

— Eh! c'est M. de Saunières! dit Olivier qui avait l'œil perçant.

C'était, en effet, Raoul qui, conduisant lui-même, arrivait au grand trot de deux vigoureux percherons en harnais de poste.

Son groom était à côté de lui, les bras croisés.

— Eh! mon Dieu! baron, lui cria Olivier, tandis que M. de Saunières arrêtait ses chevaux, vous êtes l'homme aimable entre tous.

— Je viens vous voir, répondit M. de

Saunières. Tenez, montez ici, près de moi. Vous allez juger de mes trotteurs.

Olivier sauta dans le breack et se tint debout appuyé à la galerie du siége.

Raymond grimpa auprès de M. de Saunières et prit la place du groom qui, sur un signe de son maître, était descendu.

Alors le baron rendit la main à ses chevaux, disant :

— Il est tout à fait inutile de mettre des gens dans ses confidences.

— Vous avez donc une confidence à nous

faire? demanda Olivier en clignant de l'œil.

— Oui, dit M. de Saunières, et une confidence bizarre.

Raymond tressaillit.

— Vous savez, et si vous l'ignorez je vous l'apprends, que ma bonne cousine mademoiselle Blanche de Guérigny est la jeune fille la plus excentrique et la plus gâtée de France et de Navarre.

Raymond et Olivier regardaient le baron.

Celui-ci dit à Raymond :

— Ne vous a-t-elle pas dit, hier soir : Revenez dans trois jours?

— Oui.

— Eh bien! je suis chargé de modifier ce rendez-vous.

Raymond eut un battement de cœur.

— Ce n'est plus à l'Orgerelle qu'il aura lieu.

— Hein? fit Olivier.

— Mais à Paris, dit le baron.

— A Paris!

— Oui, ma cousine est partie ce matin

avec sa mère et madame de Bertaut.

Raymond jeta un cri. Olivier demeura stupéfait.

— Elle est partie, reprit M. de Saunières, et ni ma mère, ni moi, ni madame de Bertaut, ni la marquise peut-être ne savons pourquoi.

— Mais c'est étrange! s'écria Raymond qui était devenu fort pâle.

Le baron lui prit la main en souriant :

— Rassurez-vous, dit-il, je suis chargé

d'un message pour vous. Au moment de monter en voiture, elle m'a dit à l'oreille :

« Vous irez à Bois-Lambert aujourd'hui même, et vous *lui* direz que je ne l'oublie pas et que nous *nous* reverrons à Paris. »

— Mais rien, ce me semble, dit Olivier, ne faisait présager hier ce brusque départ.

— Absolument rien.

— Et... ce matin...

— Oh! ce matin, j'ai vu arriver dans le parc un moine du couvent voisin. Ce moine a demandé un entretien à ma cousine et, à la suite de cet entretien, elle a décidé son départ.

— Vous n'avez pas couru après le moine?

— Ma foi! non. Je n'y ai point songé.

— En sorte que ces dames sont parties?

— Comme nous partirons demain.

— Ah! fit Olivier, est-ce que vous allez à Paris, baron?

— J'y songe très-sérieusement.

Et le baron ajouta en souriant :

— Moi aussi, j'ai affaire à Paris.

Raymond était devenu mélancolique.

— Et puis, dit M. de Saunières en se penchant vers lui, vous pensez bien que je ne vous abandonne pas...

Il fit tourner ses chevaux et reprit le chemin de Bois-Lambert.

Le groom s'était assis devant la maison sur un carré de cailloux de cantonnier.

M. de Saunières s'arrêta devant la grille :

— Si vous voulez partir demain matin, dit-il, je vous offre une place dans ma voiture jusqu'à Auxerre, où vous prendrez l'express de deux heures et demie.

— Convenu, répondit Olivier.

. . . .

Le lendemain, en effet, M. de Saunières, Raymond et Olivier quittaient le Morvan et prenaient la route de Paris.

CHAPITRE TRENTE-UNIÈME.

XXXI

Trois jours après, Olivier et Raymond fumaient un cigare sur l'asphalte du boulevard Italien.

Il était cinq heures et demie, l'heure de l'absinthe, comme disent les viveurs modernes.

— N'oublions pas, dit Olivier, que le baron nous a donné rendez-vous chez Tortoni.

— Le voilà, répondit Raymond.

M. de Saunières descendait, en effet, d'une voiture de place, et vint à eux les mains ouvertes.

Tous trois s'installèrent à une petite table, devant le glacier à la mode.

— Mon cher ami, dit le baron, je vous apporte une bonne nouvelle. Voyons! soyez raisonnable... Vous êtes d'une lâcheté extrême en présence du bonheur. Ne pâlissez pas... ne tremblez pas...

— Mon cher baron, dit Olivier, Raymond est un vrai cœur de poule. Il faut le traiter en conséquence; ne le faites pas mourir de joie et d'incertitude.

— Eh bien! dit M. de Saunières, voici : ma cousine vous attend demain tous deux.

— Comment! moi aussi? dit Olivier.

— A la condition que vous ferez un whist avec la marquise et moi.

— Je comprends.

— Demain, si vous le voulez bien, nous dînerons ensemble au cabaret, et je vous conduirai rue de Babylone vers neuf heures.

— C'est parfait, dit Olivier.

Et regardant Raymond :

— Tu vois bien qu'il ne faut jamais désespérer.

Raymond souriait et son cœur battait bien fort.

— A propos, reprit Olivier, avez-vous fini par savoir le motif de ce départ précipité?

— C'est toujours une énigme pour moi. Seulement, je sais que ma cousine a fait plusieurs courses depuis son arrivée, et que, entre autres personnes, elle a vu son notaire deux fois.

Mais j'espère bien que nous finirons par

savoir. D'ailleurs, elle m'a dit ce matin à déjeuner :

« Mon cousin, venez dîner ce soir. J'ai une grave confidence à vous faire. »

— Ah! dit Olivier.

— Et comme il est six heures, messieurs et chers amis, ajouta le baron, permettez-moi de remonter dans mon fiacre et de prendre le chemin de la rue de Babylone.

Tandis que les trois jeunes gens causaient, ils n'avaient point pris garde à un jeune homme de vingt-sept ou vingt-huit ans, blond, de taille moyenne, mis avec une certaine distinction, et qui avait écouté leur conversation.

— Allons-nous dîner? dit Olivier.

— Soit! répondit Raymond, qui avait coutume de vouloir tout ce que voulait son ami.

Olivier le prit par le bras et l'entraina à la Maison-d'Or.

Ils entrèrent dans le petit salon jaune et prirent possession de la dernière table vacante.

A peine étaient-ils installés que le jeune homme blond de chez Tortoni entra à son tour.

— Monsieur, lui dit le garçon, si vous voulez attendre deux minutes, vous allez avoir une table. Il y a des messieurs là-bas qui m'ont demandé l'addition.

Le jeune homme blond s'adossa tranquillement à la cheminée, prit une attitude assez insolente et se mit à regarder Olivier et Raymond, qui, d'ailleurs, n'avaient fait aucune attention à lui.

— Je parie, dit alors Olivier, que c'est la première fois que tu viens à la Maison-d'Or depuis ta rupture avec Maxime et Antonia.

— C'est vrai.

— N'as-tu pas eu quelques battements de cœur en entrant ?

— Aucuns.

— Ainsi tu ne la regrettes pas ?

— Qui donc ? Antonia ?

Et Raymond eut un sourire de mépris.

— Oh! dit Olivier en riant, crois bien que c'est uniquement pour la forme que je te fais cette question.

— Je l'espère. Ah! mon ami, ajouta Raymond, quelle horrible créature que cette Antonia!...

— Garçon! dit à voix haute le jeune homme blond adossé à la cheminée.

Cette interpellation attira l'attention de Raymond et d'Olivier, qui, tous deux, le regardèrent un peu surpris.

Le garçon s'approcha.

Alors, avec une suprême insolence, s'adressant toujours au garçon, mais désignant du bout du doigt :

— Demandez donc à ce monsieur, dit-il, de quelle Antonia il veut parler.

Raymond pâlit de colère et se leva à demi, tandis qu'Olivier demeurait stupéfait.

— Garçon, répondit Raymond, dites donc à ce monsieur que je n'ai pas l'honneur de le connaître..., et que je ne lui dois aucune explication.

— Ah! ah! dit le jeune homme blond...

Et il fit mine d'ôter un de ses gants.

Mais Olivier bondit par-dessus la table, lui saisit le bras avec sa vigueur musculaire de Breton et lui dit :

— Ne bougez pas ou je vous étrangle!... Si vous ôtez votre gant, vous êtes mort!...

— Laisse-donc, Olivier, dit Raymond ; c'est moi que monsieur a insulté, c'est moi que cela regarde.

Et Raymond s'avança à son tour :

— Monsieur, dit-il au jeune homme blond, votre mise fait supposer chez vous quelque éducation. Entre gens bien élevés on ne se jette point des gants au visage. Je tiens le vôtre pour reçu.

— C'est bien, dit le jeune homme.

— Votre heure? demanda Olivier.

— Demain, sept heures.

— Où?

— Au bois, derrière Armenonville.

— C'est bien, j'y serai.

Et le jeune homme blond jeta sa carte sur la table et sortit en saluant.

Raymond prit cette carte et laissa échapper un cri de surprise.

— Tiens ! dit-il, un homonyme !

— C'est ma foi vrai ! dit Olivier.

La carte portait ce seul nom :

MONSIEUR RAYMOND.

— Voilà qui est bizarre !... murmura Raymond en souriant.

. . . .

Cependant le jeune homme blond avait quitté la Maison-d'Or, et, d'un pas rapide, il descendit la rue Taitbout.

Au moment où il traversait la rue de Provence, il aperçut un homme qui venait à lui sur le même trottoir.

C'était le major Samuel.

Le petit baron, — car on a deviné que c'était lui, — l'aborda en lui disant :

— Je me bats demain.

— Avec qui?

— Avec *lui*, parbleu !

Le major étouffa un juron.

— Es-tu bête? dit-il. Je t'avais pourtant dit ce matin que je trouverais quelqu'un pour nous rendre ce service.

— Oui, mais la situation était pressante.

— Que veux-tu dire?

— J'étais à Tortoni, derrière eux...

— Qui, eux?

— *Lui*, puis son ami, ce damné Breton et le baron.

— Ah! ils ont revu le baron.

— Oui.

— Eh bien?

— Eh bien le baron leur apportait une invitation pour demain.

— Chez la marquise?

— Oui.

— Diable!

— Vous comprenez donc, major, que je n'avais pas à hésiter. Si Raymond et Blanche se voient, tout est perdu.

— C'est juste. Tu as bien fait.

— Je le tuerai demain matin.

— Ou il te tuera...

— Bah! fit le petit baron avec résolution, vous savez bien que je suis un assez bon tireur, major.

— Et puis, ajouta le major, je vais t'indiquer un endroit où, ce soir, on te donnera une leçon de pistolet.

— Où donc?

— Rue Rochechouart.

— Est-ce qu'il y a un tir là, major?

— Non. Mais le portier du numéro 41,

un ancien prévôt de régiment, sait une façon de viser terrible...

— Et il la montre au premier venu ?

— Oui, avec un jeton de vingt-cinq louis.

— Bah! dit le petit baron en riant, la fortune que mademoiselle de Guérigny est en train de nous restituer, nous permet de faire quelques folies.

Puis il prit le bras du major.

— Allons dîner dans quelque coin, où nous puissions causer, dit-il.

Après j'irai étudier le coup qui doit tuer mon rival...

Et tous deux gagnèrent la rue Saint-Lazare et un petit restaurant qui se trouve dans le passage du Hâvre.

Là, ils s'enfermèrent dans un cabinet et continuèrent à causer.

CHAPITRE TRENTE-DEUXIÈME.

XXXII

Revenons sur nos pas, afin d'expliquer cette parole du petit baron : Mademoiselle de Guérigny va nous rendre un héritage...

Lorsqu'elle eut reçu la visite de celui qu'elle prenait pour un moine de la *Pierre-qui-vire*, mademoiselle de Guérigny tout émue, tout impressionnée de ce qu'elle venait d'entendre, monta chez sa mère qui était encore au lit.

— Ma mère, lui dit-elle, nous allons partir aujourd'hui pour Paris.

— Partir! murmura la marquise étonnée, pourquoi donc, mon enfant?

— Mais parce qu'il faut réparer au plus vite une injustice du hasard.

— Mais que veux-tu dire, chère enfant? demanda madame de Guérigny, dont la surprise était au comble.

— Ecoutez, ma mère, nous n'avons pas le temps aujourd'hui d'entrer dans de minutieux détails. Répondez-moi seulement.

— Parle...

— Vous êtes la sœur du duc de B..., mon oncle, par conséquent!

— Mais sans doute. Pourquoi?...

— Mon oncle est mort subitement?

— Oui, d'une apoplexie foudroyante.

— Il n'a pas laissé de testament?

— Aucun.

— Et c'est ainsi que nous avons hérité de lui ?

— Mais oui, mon enfant.

— Dites-moi, ma mère, avez-vous entendu parler d'une histoire de sa jeunesse?

La marquise tressaillit.

— Il s'agissait d'un duel et d'un enlèvement.

— Oh! certes, dit tristement la marquise... et mon pauvre frère a passé sa vie à chercher mademoiselle Jeanne de B...

— Eh bien ! ma mère, acheva Blanche sans vouloir s'expliquer davantage, c'est parce que j'ai retrouvé les traces de mademoiselle Jeanne de B...

— Tu as retrouvé ses traces ?

— Oui.

— Et... elle vit ?

— Dans une profonde misère... avec son fils...

— Son fils !

— Oui, dit Blanche, un fils de mon oncle.

Un fils à qui il servait une pension annuelle de cinquante mille francs et dont il n'a pas eu le temps d'assurer le sort en mourant.

Madame de Guérigny était stupéfaite en entendant tout cela.

— Vous voyez donc bien, dit Blanche, qu'il faut que nous partions sur-le-champ pour Paris.

— Mais, mon enfant, ton mariage...

— Oh! fit-elle avec un sourire, c'est moins pressé, ma mère...

Et mademoiselle de Guérigny fit à la hâte ses préparatifs de départ, et trois heures après une chaise de poste roulait vers Auxerre.

Le soir même, mademoiselle de Guérigny arrivait à Paris.

Le faux moine avait compté sur cette promptitude, et il s'était bien gardé de compléter les renseignements qu'il fournissait sur Jeanne l'aveugle et son fils.

C'était un homme prudent, le major !

— Il faut, s'était-il dit, que le petit baron ait le temps de retourner avec moi à Paris et que, là, nous puissions organiser tout à notre aise la petite mise en scène que je prépare.

Aussi, loin de dire simplement à Blanche de Guérigny :

— Vous trouverez Jeanne l'aveugle à Neuilly, dans une petite maison à gauche près du pont.

Le faux moine avait dit :

— Tous les renseignements que je viens de vous donner, Mademoiselle, me sont transmis de Paris, où se trouve le siége d'une œuvre pieuse à laquelle j'appartiens; et, vous le voyez, ces renseignements ne sont pas complets, puisqu'on ne me dit point où vous pourrez rencontrer ces deux personnes dont je viens de vous apprendre l'existence.

Mais voici ce qui arrivera : le jour ou le lendemain de notre arrivée à Paris, vous recevrez par la poste une lettre qui vous apprendra ce que je ne puis vous apprendre moi-même.

Mademoiselle de Guérigny, arrivée à Paris par le train de minuit, se coucha en proie à une vive impatience.

Elle dormit peu, elle attendit le lendemain dans la persuasion que la première distribution de lettres lui apporterait cette missive mystérieuse qui devait lui apprendre en quel lieu elle trouverait Jeanne l'aveugle.

Mais la matinée s'écoula, puis la journée...

Blanche ne vit rien venir.

— Sans doute on n'a point appris mon retour à Paris, se dit-elle.

Et elle attendit encore.

Le lendemain matin, une lettre qui portait en exergue une croix avec les mots : *Fraternité chrétienne* en dessous, lui arriva sous enveloppe non affranchie.

Cette lettre contenait ces lignes sans signature :

« Mademoiselle de B... a passé une si triste vie, elle a éprouvé de si grands malheurs, qu'il faut user avec elle des plus grands ménagements. On supplie mademoiselle de Guérigny de ne se présenter chez elle que le mercredi soir vers huit heures. Ce petit délai qu'on lui demande est presque indispensable pour préparer mademoiselle de B... à une entrevue.

» Mademoiselle de B..., c'est-à-dire Jeanne l'aveugle, demeure avenue de Neuilly.

» Mademoiselle Blanche de Guérigny peut, mercredi soir, prendre, à la station de voitures de la place Belle-Chasse, le fiacre portant le numéro 20,013, et dire au cocher : « A Neuilly! » Le cocher est prévenu, il la conduira. »

L'imagination ardente de Blanche de Guérigny ne s'effraya point de ces indications mystérieuses, qui pouvaient fort bien cacher un piége.

Cette lettre lui arrivait le mardi matin.

Blanche attendit le lendemain soir avec impatience, et, après le dîner, elle manifesta l'intention de sortir.

— Où vas-tu ? lui demanda sa mère.

— Je vais aller dire bonjour à ma tante de Maurion.

Mademoiselle de Maurion était une vieille fille, tante à la mode bretonne, qui demeurait rue de Verneuil, et chez laquelle Blanche allait fort souvent à pied.

Madame de Guérigny ne fit aucune objection, et Blanche sortit, accompagnée de sa femme de chambre.

Comme il répugnait à la jeune fille de mentir, elle passa en effet rue de Verneuil, chez mademoiselle de Maurion.

La vieille fille dînait en ville.

Blanche laissa une carte et continua son chemin, jusqu'à la place Belle-Chasse.

Il n'y avait qu'un fiacre à la station.

C'était le n° 20,013.

Blanche fit asseoir sa femme de chambre auprès d'elle, et dit au cocher :

— A Neuilly !

Le cocher avait, en effet, sa consigne, car il partit sans faire aucune objection.

Une heure après, c'est-à-dire vers huit heures et demie, le fiacre s'arrêtait devant la grille de la petite maison où nous avons pénétré déjà et qu'habitait Jeanne l'aveugle.

— Attendez-moi, Mariette, dit Blanche.

Elle s'élança hors du fiacre et sonna.

La vieille servante vint ouvrir, et mademoiselle de Guérigny entra, laissant sa femme de chambre et le fiacre à la porte.

. . . .

CHAPITRE TRENTE-TROISIÈME

XXXIII

Que s'était-il passé dans cette entrevue, entre mademoiselle de Guérigny, Jeanne l'aveugle et celui qu'elle croyait son fils ?

Blanche ne le dit point à sa mère.

La marquise, du reste, était habituée à ployer sous les volontés de sa fille et à lui laisser une indépendance presque absolue.

Blanche était revenue à dix heures du soir.

Sa mère ignorait qu'elle fût sortie pour aller ailleurs que chez une parente qui demeurait rue de Verneuil.

La femme de chambre était demeurée dans la voiture, à la grille de la petite maison de Neuilly.

Le lendemain matin, mademoiselle de

Guérigny entra chez sa mère de bonne heure.

— Maman, lui dit-elle, je viens causer avec toi sérieusement.

— Parle, mon enfant.

— Quelle fortune avons-nous?

— Environ six cent mille livres de rente.

— Pour quelle part l'héritage de mon oncle compte-t-il dans cette somme?

— Pour trois cent mille livres de revenu environ.

— Qu'est-ce que nous dépensons?

— Mais pourquoi donc toutes ces questions, chère enfant?

— Réponds toujours.

— Nous ne dépensons guère au delà de la moitié de nos revenus.

— Alors, si tu perdais trois cent mille livres de rente...

— Mais, mon enfant...

— Cela ne te gênerait pas ?...

— Je ne te comprends pas, ma fille.

— C'est pourtant facile, dit Blanche

avec calme. Je veux restituer au fils de mon oncle la fortune de son père.

— Mais ce n'est pas un fils légitime ! dit la marquise, — et l'enfant naturel n'aurait droit, à la rigueur, qu'au tiers de la succession.

— Ah ! maman, c'est mal de parler ainsi.

— Pourquoi ?

— Mais parce que tu sais bien que si mon oncle avait retrouvé mademoiselle de B..., il l'aurait épousée.

— C'est vrai.

— Donc, à nos yeux, Raymond, — c'est ainsi qu'il se nomme...

Et Blanche murmura tout bas avec émotion :

— Comme lui !

Puis elle reprit :

— Donc, à nos yeux, Raymond est bien le fils, le vrai fils de mon oncle...

— Mais enfin, dit la marquise cherchant à défendre l'héritage de son enfant, ton oncle ne lui faisait qu'un revenu, à ce fils...

— Qu'importe ?

La marquise soupira :

— Chère enfant, dit-elle, tu es aussi maîtresse de ta fortune que de ton cœur...

— Ainsi je puis faire ce que je voudrai.

— Oui ; cependant...

— Ah ! encore une objection ?

— Il serait bien, ce me semble, que tu consultasses... ton cousin.

— Raoul ?

— Oui.

Blanche tressaillit. Cependant elle eut la

présence d'esprit d'éluder une réponse trop directe.

— D'abord, dit-elle, mon cousin pensera certainement comme moi, d'autant plus qu'il est fort riche... enfin, je ne suis pas encore... sa femme.

La marquise soupira et se tut.

Blanche écrivit un mot à M. Defodon, notaire, rue Neuve-des-Petits-Champs, en le priant de passer à l'hôtel le plus tôt possible.

Une heure après, M. Defodon arriva.

— Monsieur, lui dit Blanche de Guérigny, j'ai procuration de ma mère pour régler avec vous diverses affaires d'intérêts.

Le notaire s'inclina.

— Seulement, reprit-elle avec un sourire, vous me permettrez de m'en rapporter à vos lumières, car je suis très-inexpérimentée. Quelle est la manière de transporter à un tiers une partie de sa fortune ?

Le notaire ouvrit de grands yeux.

— Quelque chose, poursuivit Blanche,

comme trois cent mille livres de rente.

M. Defodon fit un soubresaut.

— La manière la moins onéreuse? continua Blanche avec calme.

Le notaire réfléchit un moment.

— Est-ce à un mari? dit-il. Dans ce cas, on peut par contrat de mariage.

Blanche se prit à sourire.

— Mais pas du tout, dit-elle. Je ne suis pas mariée.

— Alors je ne comprends pas.

— Peu importe !

— Eh bien! mademoiselle, si les trois cent mille livres de rentes sont en titres au porteur, cela peut se faire de la main à la main.

— Ah! très-bien. Dites-moi alors comment est composé ma fortune ?

— Deux tiers en immeubles, un tiers en valeurs.

— Et ces immeubles ?...

— Une partie consiste en maisons à Paris.

— Bien. Pourriez-vous me vendre pour

un million de maisons dans un bref délai?

— Oh! certainement.

— Et m'apporter, après-demain matin, en porte feuille, toutes les valeurs qui sont déposées chez vous?

— Si vous l'exigez...

— Oui, vous me ferez plaisir.

M. Defodon quitta l'hôtel de la rue de Babylone en se disant :

— Il se pourrait bien que mademoiselle

Blanche de Guérigny fût devenue folle.

. . . .

Avant d'expliquer la conduite de Blanche, il nous faut rejoindre Olivier de Kermarieuc et Raymond.

Après le départ du jeune homme blond qui, comme lui, se nommait Raymond, le jeune homme continua fort tranquillement son dîner.

— Tu es calme, lui dit Olivier.

— C'est tout simple, répondit Raymond.

Et il parla d'autre chose.

Les deux jeunes gens passèrent la soirée ensemble, et Olivier emmena Raymond chez lui.

— Es-tu fort au pistolet? lui demanda-t-il.

— Assez, dit Raymond.

— Voyons? dit Olivier en conduisant Raymond dans son fumoir, et lui mettant à la main un pistolet de salon.

Raymond colla trois balles l'une sur l'autre, puis il s'amusa à éteindre d'un seul coup les deux bougies d'un bout de table.

— Maintenant je suis tranquille, dit Olivier.

— Ah!

— Tu tires comme Devisme.

— Heu ! fit modestement Raymond.

— Et ce petit monsieur est un homme mort.

— Je le crois, dit Raymond avec une tranquillité parfaite.

— As-tu un second témoin ?

— Non.

— Je vais aller au club en chercher un. Couche-toi et dors, le reste me regarde.

Raymond se mit au lit en songeant à Blanche et dormit jusqu'à cinq heures et demie du matin, en rêvant de la belle jeune fille.

Ce fut Olivier qui l'éveilla.

— Habille-toi, lui dit-il, je tiens à ce que nous arrivions les premiers.

— As-tu trouvé quelqu'un hier au club ?

— Oui, un jeune adolescent, M. de Mareuil, qui sera enchanté de figurer dans un duel.

— Où est-il ?

— Il nous attend en bas dans sa voiture.

— As-tu des pistolets ?

— J'ai les miens. Ils sont bons. Si le sort te les donne, tu ne seras pas mal partagé.

Raymond fit une toilette minutieuse et coquette comme pour aller au bal.

A six heures et quart, il descendit, donnant le bras à Olivier.

M. de Mareuil avait un grand coupé à quatre places.

On mit les pistolets sous le coussin de derrière, et la voiture partit au grand trot.

Vingt minutes après, Raymond et ses témoins arrivaient les premiers au rendez-vous.

— Je me demande, dit alors Raymond, ce que peut être mon adversaire.

— Un gandin d'abord.

— Et puis ?...

— Probablement le nouvel amant de ta chère Antonia.

— Est-ce bête, murmura Raymond, d'aller se battre pour une femme qu'on n'aime plus !

— Ma foi ! dit Olivier en étendant la main vers la grande allée de la porte Maillot, ton adversaire est plus sérieux que je ne pensais.

— Comment cela ?

— Regarde !

Et il montrait un fiacre qui venait de s'arrêter à trente pas, et duquel le jeune homme blond sortait avec ses témoins.

Les témoins qu'il avait choisis étaient deux officiers.

Depuis qu'il était devenu le fils de Jeanne l'aveugle, le *petit baron* demeurait à Neuilly.

Il était revenu de Paris vers neuf heures du soir, puis il avait passé le pont, s'en était allé à Courbevoie et était entré dans le café Militaire.

Là, il avait abordé deux officiers et leur avait demandé ce service que jamais un officier ne refuse, c'est-à-dire de lui servir de témoins.

Olivier et M. de Mareuil firent quelques pas en avant, les officiers pareillement.

On se salua de part et d'autre, puis on échangea tout juste ce qu'il faut de paroles pour régler un duel.

— Monsieur, dit un des officiers à Olivier, M. Raymond, notre filleul, nous a dit que les motifs du duel étaient des plus graves.

— Si l'on veut, dit nonchalamment Olivier.

— Et il a l'intention de se battre à mort!

— Je n'y vois pas d'inconvénient, répondit M. de Kermarieuc avec le même calme.

On tira les armes au sort. Le sort décida que Raymond se battrait avec les pistolets d'Olivier.

Ces messieurs entrèrent dans un fourré avec leurs témoins, qui comptèrent trente pas, chargèrent les pistolets, les remirent aux deux adversaires et, selon l'usage, frappèrent les trois coups..;

Raymond ajusta son adversaire.

CHAPITRE TRENTE-QUATRIÈME

XXXIV

Le matin du jour où le petit baron provoqua le vrai Raymond à la Maison-d'Or, mademoiselle Blanche de Guérigny sortit de son hôtel de la rue de Babylone, vers onze heures du matin, en victoria, sans valet de pied, et dit à son cocher :

— Conduisez-moi à Neuilly.

Vingt minutes après, sa voiture s'arrêtait à la porte de la petite maison occupée par Jeanne l'aveugle.

La jeune fille trouva cette femme, que son oncle avait tant aimée, toute seule dans son salon.

Le petit baron, c'est-à-dire celui qu'elle croyait son fils, était sorti.

Blanche passa ses deux bras au cou de l'aveugle et lui dit :

— Pardonnez-moi d'avoir attendu trois grands jours, madame, avant de revenir vous voir. Mais je voulais pouvoir causer sérieusement avec vous, et j'ai dû, pour cela, m'éclairer sur certains détails relatifs aux affaires que j'ignorais complétement.

La jeune fille s'assit à côté de l'aveugle et poursuivit :

— Je viens vous parler de votre fils.

Jeanne tressaillit et pressa convulsivement les mains de Blanche.

— Si mon oncle avait vécu, s'il vous eût retrouvée, poursuivit mademoiselle de Guérigny, bien certainement il aurait tout fait pour que son fils portât son nom.

L'aveugle soupira, et deux grosses larmes s'échappèrent de ses yeux éteints.

— Je veux, au moins, moi, lui rendre sa fortune...

— Ah! fit Jeanne l'aveugle, mon fils ni moi, mademoiselle...

Blanche l'empêcha de formuler son refus.

— Je suis riche encore, dit-elle.

L'aveugle prit la jeune fille dans ses bras.

— Mon Dieu ! murmura-t-elle, pourquoi ne suis-je point, aux yeux du monde, la veuve de votre oncle ? pourquoi n'ai-je point le droit de vous dire : Soyez ma fille !

Blanche soupira :

— Oh ! je sais bien, dit-elle, que le fils

de mon oncle est digne de ma main. Il serait même beaucoup mieux aux yeux de nos deux familles, qu'un mariage nous réunît; mais, hélas! madame, vous avez aimé... vous avez souffert... et vous savez que notre cœur ne nous appartient pas...

— Pauvre enfant, murmura l'aveugle, est-ce que vous aimez?

— Oui.

— Et vous songez à vous dépouiller ainsi...

— L'homme que j'aime est un noble cœur, dit Blanche avec fierté. Il aura, comme moi, le sentiment du devoir.

Jeanne l'aveugle essaya de résister encore.

Elle avait espéré, peut être un moment, un dénouement tout autre : une mère est si fière de son fils !... Mais Blanche, d'un seul mot, avait détruit toutes ses illusions.

Quand la jeune fille remonta en voiture,

elle avait décidé l'aveugle à accepter pour son fils la fortune du duc de B...

— Dites à votre fils, lui dit-elle en la quittant, que je l'attends demain soir chez ma mère.

Blanche remonta l'avenue de Neuilly.

Au moment où sa voiture traversait la place de l'Etoile, un jeune homme descendait modestement de l'impériale d'un omnibus.

C'était le petit baron.

Mademoiselle de Guérigny le reconnut,

lui fit un signe, ordonna à son cocher d'arrêter et pria le prétendu fils de Jeanne l'aveugle de monter auprès d'elle.

— Mon cousin, lui dit-elle, je viens de voir madame votre mère, et j'ai réglé avec elle nos petites affaires d'intérêt.

Le complice du major savait assez bien son métier de séducteur. Il enveloppa la jeune fille d'un regard plein d'amour.

Blanche tressaillit sous le poids de ce regard dont elle devina toute la portée.

— Allons ! se dit-elle, il faut que j'arrête le fils comme j'ai arrêté la mère, au seuil même de leur espérance commune.

Et, tendant la main au jeune homme :

— Mais, reprit-elle, ce n'est point pour vous parler *intérêts* que je vous ai prié de monter là, près de moi.

Le petit baron la regarda d'un air vainqueur.

— Elle va m'offrir sa main, pensa-t-il ; cela m'évitera la peine de la lui demander. J'ai toujours aimé la besogne aux trois quarts faite.

Blanche continua :

— Vous êtes le fils de mon oncle, et peut-être, du fond de sa tombe, a-t-il fait un souhait en songeant à vous et à moi.

— Ah! mademoiselle..., murmura le petit baron avec une émotion fort bien jouée.

— Malheureusement, reprit Blanche, lorsque j'ai appris votre existence, mon cœur était engagé, ma main était promise...

Le petit baron pensa qu'il était convenable de pâlir un peu et de manifester une vive douleur.

— Mais nous serons amis, acheva Blanche, et l'amitié a bien son prix en ce monde.

Le petit baron affectait une morne stupeur, un désespoir sans limites.

Blanche fit de nouveau arrêter sa voiture.

— Maintenant, lui dit elle, que je vous ai parlé avec franchise, laissez-moi vous

vous rendre votre liberté. Vous retourniez sans doute auprès de votre mère?...

— Oui, mademoiselle.

— Venez demain rue de Babylone. Ma mère vous attend à dîner. C'est demain que nous terminerons nos petites affaires.

Le petit baron descendit, toujours pâle et bouleversé, et il salua gauchement.

— Pauvre garçon! murmura Blanche.

Et puis elle songea à Raymond, à celui qu'elle aimait...

— Oh! non, dit-elle, l'ombre de mon

oncle se dresserait irritée devant moi, que je ne sacrifierais pas *celui* qui a fait battre mon cœur si violemment.

Blanche rentra à l'hôtel de la rue de Babylone.

Sa mère était sortie. En revanche, maître Defodon, le notaire, arriva.

Il avait sous son bras un volumineux portefeuille.

Blanche le reçut au salon.

— Voilà, mademoiselle, dit le notaire,

les titres de propriété et les titres de rente que vous m'avez demandés.

— Vous avez vendu les maisons ?

— L'acte a été passé hier.

— Ainsi ce portefeuille contient...

— Trois millions neuf cent mille francs.

Le notaire étala les divers titres sur une table, et la jeune fille les verifia l'un après l'autre.

Puis elle donna une décharge à maître Defodon, et serra le portefeuille dans un petit meuble dont elle prit la clef.

Le notaire partit, Blanche se dit :

— Je vais pouvoir rendre à mon cousin sa fortune de la main à la main. Ma mère, qui croit toujours que j'épouserai mon cousin Raoul, exige son consentement ; mais je ne doute point de lui, Raoul fera ce que je voudrai...

Et Blanche se reprit à rêver de Raymond, murmurant encore :

— Il faudra pourtant bien que j'avoue la vérité à ma mère. Mon cousin Raoul aime madame de Bertaut; moi j'aime Raymond... C'est un échange qui nous rend tous heureux... Pourquoi ma mère en serait-elle malheureuse?...

. . . .

CHAPITRE TRENTE-CINQUIÈME

XXXV

M. le baron Raoul de Saunières avait pris, on se le rappelle, une voiture de place pour aller dîner chez sa cousine, mademoiselle Blanche de Guérigny, tandis qu'Olivier de Kermarieuc et Raymond entraient à la Maison-Dorée.

Lorsque Raoul arriva, la jeune fille était seule au salon.

Elle lui prit les deux mains et les serra avec affection.

— Mon cher cousin, lui dit-elle, il y a longtemps que je désire vous faire mes confidences.

— Et moi, dit en riant le jeune homme,

je les attends aussi depuis longtemps; car vous avez été bien mystérieuse avec moi, ma chère cousine.

— Vraiment!

— Dame! Vous oubliez votre départ précipité du château de l'Orgerelle?

— C'est juste!... Eh bien! je vais réparer mes torts.

— Voyons! j'écoute...

— Ah! vous allez trop vite!...

— En vérité!

— Et d'abord, vous allez répondre à mes questions.

— Soit! Questionnez-moi.

— Je vais mettre votre bon sens à l'épreuve, et je suis sûre que vous aurez la même manière de voir que moi.

— De quoi s'agit-il?

— Est-ce que vous n'avez pas hérité d'un oncle, vous aussi?

— Sans doute. Mon oncle le chevalier de l'Orgerelle, mort sans enfants, m'a laissé cent onze mille livres de rente.

— Mais il a fait un testament ?

— Sans doute. C'était bien inutile, pourtant : j'étais son héritier naturel.

— Bon ! Supposons, à présent que votre oncle n'a pas fait de testament, et que vous avez hérité aux termes de la loi.

— Soit ! supposons-le.

— Supposons encore, reprit Blanche de Guérigny, que votre oncle soit mort d'une attaque d'apoplexie, et que son intention ne fût pas de vous laisser sa fortune. Le temps lui a manqué, vous avez hérité, tout est bien. Mais un jour, une circonstance imprévue vous révèle la vérité. Votre oncle ne comptait pas vous laisser sa fortune. Il la destinait, au contraire, à une autre personne. C'était sa volonté, son cœur l'y poussait, un enchaînement de circonstances mystérieuses lui en faisait un devoir. La mort est venue, vous avez hérité.

— Voilà bien des suppositions, dit Raoul en riant.

— Soit, mais vous les admettez. Eh bien! un jour, la personne à qui votre oncle destine sa fortune se trouve sur votre chemin, que ferez-vous?

— Je lui rendrai la fortune de mon oncle.

Blanche tendit la main à son cousin.

— Vous êtes un vrai gentilhomme, dit-elle, et j'attendais votre réponse. Maintenant, écoutez-moi. Nous sortons du domaine des suppositions pour entrer dans la réalité.

Alors mademoiselle de Guérigny raconta à son cousin cette histoire, que nous connaissons, de Jeanne l'aveugle, du comte Hector et du marquis Gontran.

Elle lui dit comment, avertie de la vérité, elle avait quitté précipitamment l'Orgerelle pour revenir à Paris ; comment elle avait retrouvé mademoiselle de B... et son fils.

— Vous venez d'approuver ma conduite, dit-elle en finissant. Je n'ai qu'une chose à faire, et je la ferai demain : restituer !

M. de Saunières s'inclina.

En ce moment la marquise de Guérigny entra.

— Tenez, maman, dit Blanche, voilà mon cousin qui vient d'approuver entièrement ma conduite.

La marquise regarda Raoul.

— Je suis entièrement de l'avis de ma cousine, dit le baron.

— Alors, murmura madame de Guérigny domptée par la volonté de sa fille, qu'il en soit fait comme vous le désirez, mes enfants.

Et maintenant, venez dîner, ajouta-t-elle.

. . . .

CHAPITRE TRENTE-SIXIÈME

XXXVI

Raoul de Saunières n'était point descendu chez sa cousine, à Paris, mais bien à l'hôtel du Helder, rue du Helder, où logent bon nombre de gentilshommes bourguignons et morvandiaux.

Il quitta l'hôtel de la rue de Babylone vers dix heures, et revint à pied par le boulevard.

Il espérait rencontrer Raymond et Olivier, soit à Tortoni, soit à leur cercle.

Mais Olivier on s'en souvient, avait emmené Raymond chez lui, rue de la Victoire, pour lui voir coller quelques balles sur une plaque de salon.

Raoul, ne les recontrant point, prit le parti de rentrer à son hôtel.

Il trouva dans sa case deux lettres, — l'une de sa mère; l'autre, dont l'écriture lui était inconnue.

Après avoir pris des nouvelles de sa mère, il ouvrit la seconde lettre, et lut ces quelques lignes :

« Si M. le baron Raoul de Saunières s'intéresse à ses amis, M. Olivier de Kermarieue et M. Raymond, il attendra la visite d'un inconnu, demain à sept heures du matin. »

La lettre ne portait aucune signature.

Le baron se coucha fort intrigué, dormit peu et attendit le jour avec impatience.

Que pouvait-on avoir à lui communiquer dans l'intérêt d'Olivier et de Raymond?

Le lendemain à sept heures précises, tandis que le garçon de l'hôtel allumait le feu du baron, on frappa à la porte.

Raoul vit entrer Baptiste, le valet de

chambre de M. Vulpin, son voisin du Morvan.

Baptiste était fort proprement vêtu et avait un petit air solennel qui ne fit aucune impression sur le baron.

Raoul ne songea pas une minute que Baptiste pouvait être l'inconnu dont lui parlait le billet mystérieux de la veille.

Il crut que M. Vulpin, le sachant à Paris, l'invitait à déjeuner.

— Bonjour, Baptiste, dit-il ; comment va ton maître ?

— Je ne sais pas, monsieur le baron. Cependant il se portait fort bien encore lorsque j'ai quitté son service.

— Tu n'es plus chez M. Vulpin?

— Non, monsieur.

— Depuis quand?

— Depuis trois jours.

— Ah! Est-ce que tu voudrais entrer chez moi?

— Non, monsieur le baron.

Raoul commença à s'étonner. Il renvoya le garçon de l'hôtel.

— C'est moi qui me suis permis d'écrire à M. le baron, dit Baptiste.

— Toi ?

— Oui, monsieur le baron.

Raoul regarda le valet avec étonnement. Mais Baptiste reprit avec calme :

— Je prie M. le baron de ne plus voir en moi, dit-il, que le dépositaire d'un grand secret.

— Que veux-tu dire ?

— D'un secret qui peut faire le bonheur ou le malheur de M. Raymond, l'ami de

M. Olivier et l'amoureux de mademoiselle de Guérigny.

Raoul eut un brusque mouvement. Il ne croyait pas Baptiste si bien informé.

Baptiste continua :

— On est en train de voler à M. Raymond son nom et sa fortune. Moi seul je puis l'empêcher en disant ce que je sais.

— Toi? Mais comment? De quel nom, de quelle fortune parles-tu?

Baptiste regarda la pendule.

— Monsieur le baron, dit-il, il est sept heures dix minutes ; à huit heures et demie j'aurai pris le train express de Calais, et ce soir, à minuit, je serai à Londres. C'est vous dire que je n'ai pas le temps d'entrer dans de grands détails. Voici maintenant ce que je viens vous proposer.

Baptiste déboutonna sa redingote, tira de sa poche une lettre sous enveloppe grise qui paraissait volumineuse, et la montrant au baron :

— Le secret est là-dedans. Vous y

trouverez assez de documents pour faire arrêter deux chevaliers d'insdustrie qui, je vous le répète, sont en train de dépouiller M. Raymond.

— Mais enfin, dit le baron en étendant la main pour prendre la lettre, quels sont ces hommes ?

— Oh ! un instant, dit Baptiste ; je ne vais laisser à M. le baron cette lettre qu'à deux conditions...

— Lesquelles ?

— D'abord, monsieur le baron va me

donner sa parole qu'il ne l'ouvrira que dans une heure, c'est-à-dire lorsque je serai parti.

— Après ?

— Ensuite, qu'il conseillera à M. Raymond de m'envoyer à Londres, poste restante, une traite de cent mille francs.

— Cent mille francs ? exclama le baron abasourdi.

— Mon Dieu ! monsieur, murmura Baptiste avec un calme qui impressionna vivement Raoul, il s'agit pour M. Raymond de plusieurs millions.

— Soit! dit Raoul, je te donne ma parole d'honneur, et je te garantis même les cent mille francs, si ce que tu avances est vrai.

Baptiste posa la lettre sur la cheminée, salua profondément et se retira.

— Voilà une singulière aventure ! pensa M. de Saunières. On veut dépouiller Raymond d'un nom et d'une fortune. D'un nom! Mais, au fait! ni Olivier ni lui ne m'ont encore dit... Voilà qui est bizarre! aussi bizarre que l'histoire que ma cousine Blanche m'a racontée ce soir.

Et le baron regarda la pendule à son tour, et attendit avec impatience que l'heure demandée par Baptiste se fût écoulée...

CHAPITRE TRENTE-SEPTIÈME

XXXVII

Expliquons maintenant pour quels motifs maître Baptiste, l'ex-valet de chambre de M. Vulpin, se décidait à trahir ceux dont il avait été le complice.

Le soir de ce jour où il espérait bien que Raymond se précipiterait dans le ravin et se briserait en mille pièces sur les décombres du pont, Baptiste avait vu revenir tour à tour Raymond et Olivier parfaitement sains et saufs.

Il avait passé une mauvaise nuit, et, dès le lendemain, il avait pris, son fusil sur l'épaule, le chemin du village où le major et le petit baron étaient logés.

Quand il arriva à Cerizay, le major et son complice n'y étaient plus.

Seulement, ils avaient laissé un billet à son adresse.

Ce billet était ainsi conçu :

« Je crois qu'*on* a des soupçons ; nous filons ! »

— Adieu mes cinquante mille francs ! s'était dit Baptiste tout d'abord. Mais lorsque le soir il apprit et le départ de mademoiselle de Guérigny, et celui, pour le lendemain, de Raymond et d'Olivier, le sagace valet fit la réflexion qu'il pourrait fort bien se faire que le major et le petit baron eussent songé simplement à se débarrasser de lui.

Dès-lors Baptiste n'eut plus qu'un but, — les rejoindre.

Il quitta Bois-Lambert le lendemain du départ de Raymond et d'Olivier, vint à Paris, et se mit à épier les démarches du major et de son complice.

Le major logeait dans plusieurs domiciles tour à tour, et portait plusieurs noms, selon les circonstances.

Baptiste se déguisa en charbonnier, se noircit le visage, et arriva un soir, les épaules chargées d'un cotret, dans une chambre meublée de la rue du Rocher, où le major couchait d'ordinaire et portait le nom de M. Walter.

Le major ne le reconnut pas.

Baptiste déposa son cotret et s'en alla, non sans avoir remarqué dans un coin de la chambre meublée une vieille malle en cuir.

— Je parierais tout ce qu'on voudra, se dit Baptiste, que si le major a trois papiers compromettants, ils sont là-dedans.

Le lendemain, Baptiste, qui rôdait aux environs du petit hôtel garni de la rue du Rocher, vit le major en sortir, descendre jusqu'à la place de Laborde et monter dans une voiture de place.

Alors le valet entra résolûment dans l'hôtel et dit au garçon, qu'il rencontra dans l'escalier :

Je porte du charbon pour M. Walter.

— Voilà la clef, répondit le garçon sans aucune défiance. C'est au numéro 14.

Baptiste entra, ferma la porte sur lui et crocheta avec un rossignol la serrure de la malle.

A première vue, elle ne contenait que du linge et des hardes, mais les doigts exercés de Baptiste eurent bientôt découvert un double fond, et dans ce double fond un portefeuille.

Baptiste l'emporta, après avoir refermé le double fond de la malle.

Le portefeuille contenait une volumineuse correspondance en allemand et en anglais, plus un passeport autrichien au nom de Hermann Getzinger, forçat libéré, autorisé à aller en France.

Quant aux lettres, elles contenaient des documents fort curieux sur le petit baron et ses antécédents.

Une seule pièce manquait pour le malheur de Baptiste, c'était ce faux qu'il avait commis autrefois, et que le major suspendait sur sa tête comme une épée de Damoclès.

— Allons! pensa Baptiste, il faudra agir prudemment.

Le lendemain, il se présenta au domicile du petit baron.

Le major s'y trouvait. Il était dix heures du soir.

C'était la veille du jour où le petit baron devait se battre avec le vrai Raymond.

Le major, en voyant entrer Baptiste, fut un peu surpris et passablement troublé.

— Comment! dit-il, te voilà? Je te croyais à Bois-Lambert...

— J'y étais ce matin encore, répondit Baptiste. M. Vulpin m'a écrit de revenir. Il a besoin de moi ici, et, ajouta le valet en clignant de l'œil, j'ai pensé que vous aussi, vous auriez besoin de moi peut-être...

— Peuh! fit le petit baron.

— Non, dit le major. Mais nous ferons quelque chose pour toi.

— Ah!

— Tu auras une dizaine de mille francs sans rien faire!

— Absolument rien!

— Et ces dix mille francs, quand me les donnerez-vous?

— Demain.

— En quel endroit?

— Tu viendras te promener sur le bord de l'eau, derrière Saint-James, au bois, et tu m'attendras, dit le major.

— C'est-à-dire, pensa Baptiste, qu'il tâchera de m'assassiner ou de me noyer. Les morts ne parlent pas.

Puis, tout haut :

— Est-ce que vous ne pourriez pas me donner un petit à-compte ce soir ?

L'accent de Baptiste était simple et naïf.

Le major ouvrit un portefeuille et y prit un billet de cinq cents francs.

— Tiens, dit-il, ceci est en dehors.

Baptiste les remercia tous deux et sortit en se disant :

— Ils me prennent pour un niais.

Il entra dans un café, écrivit sa lettre à M. de Saunières et rédigea ensuite un document fort clair, fort précis, sur les manœuvres du major et du petit baron pour s'approprier l'héritage du vrai Raymond.

Il joignit à ce document les papiers trouvés dans le portefeuille du major, ajoutant :

— Voilà de quoi les envoyer au bagne tous deux !

Puis Baptiste alla se coucher tranquillement. Il ne savait pas que le lendemain Raymond et le petit baron devaient se battre.

CHAPITRE TRENTE-HUITIÈME.

XXXVIII

Lorsque Baptiste fut parti, le major et le petit baron se regardèrent.

— Ce diable de valet, murmura le petit baron, qui donc se serait attendu à le voir?

— Sois calme, il ne nous gênera pas longtemps.

— Ah!

— J'en fais mon affaire pour demain soir. D'ailleurs, si tu tues Raymond, il n'aura pas grand intérêt à nous trahir.

— C'est vrai.

— Mais il faut tuer Raymond.

— Oh! le portier de la rue Rochechouart

m'a donné le bon moyen. Je lui enverrai ma balle où je voudrai.

— C'est fort bien. Seulement il faut te coucher, et, auparavant, trouver des témoins.

— Deux officiers de la caserne de Courbevoie, parbleu ! Je vais aller à leur café.

Depuis qu'il avait retrouvé *sa* mère, le petit baron habitait avec elle à Neuilly.

Le major lui prit le bras et le conduisit

au boulevard, où il devait trouver une voiture.

— C'est égal, disait le petit baron en descendant la rue Taitbout, j'aurais assez aimé que *ma* cousine m'épousât.

— Bah! qu'est-ce que ça te fait, puisque demain soir elle te donnera ton portefeuille?

— C'est juste.

— Nous filerons avec à l'étranger.

— C'est plus prudent.

— Et nous plantons là ta mère aveugle.

— Voilà une idée qui me sourit assez, ma foi !

— Seulement il faudra lui faire une pension. Elle mérite bien cela.

— Vous êtes trop généreux, major, ricana le petit baron. Bonsoir, à demain...

— Tu sais que je ne bougerai pas du restaurant de la porte Maillot.

— Bon !

— J'y serai à six heures et demie et j'attendrai l'événement. Bonsoir...

Le petit baron monta dans un fiacre et se fit conduire à Courbevoie, où, comme nous l'avons dit, il trouva deux officiers de bonne volonté pour lui servir de témoins le lendemain.

Ensuite il revint à Neuilly.

Ce fut la vieille servante bretonne qui vint lui ouvrir.

— Ma mère est-elle couchée? demanda-t-il.

— Pas encore, monsieur.

— Où est-elle?

— Au salon.

Le petit baron entra dans le salon sur la pointe du pied et aperçut Jeanne l'aveugle couchée sur une chaise longue.

Elle s'était endormie en attendant celui qu'elle croyait son fils.

Le jeune homme s'approcha et la contempla d'un air railleur.

— Et dire que voilà ma mère ! fit-il.

Puis il se retira sur la pointe du pied

et monta se coucher, disant à la servante :

— Je suis obligé d'aller demain matin de très-bonne heure à Paris. Vous m'éveillerez à six heures.

CHAPITRE TRENTE-NEUVIÈME

XXXIX

M. le baron Raoul de Saunières, en vrai gentilhomme qu'il était, était esclave de sa parole.

Il avait promis à Baptiste de n'ouvrir sa lettre qu'à huit heures et demie : il attendit.

Pendant qu'il procédait à sa toilette du matin, on sonna à sa porte.

C'était un de ses voisins, un vieux colonel espagnol, ancien aide-de-camp de Zumalacarreguy, qui logeait dans l'hôtel, et qu'il avait rencontré, deux jours auparavant, chez madame de Guérigny.

La fidélité de don Francesco y Borgas, — c'était son nom, — avait ouvert au colonel toutes les portes du faubourg Saint-Germain, et il dînait une ou deux fois par semaine chez la mère de Blanche.

— Bonjour, colonel, dit le baron en le voyant entrer. Qui me vaut le plaisir de votre visite matinale ?

— Je vous ai cherché hier, monsieur le baron.

— Ah !

— N'étiez-vous pas assis vers cinq heures devant Tortoni ?

— En effet...

— Et n'avez-vous pas causé avec deux jeunes gens ?

— Deux de mes amis, oui.

— Eh bien ! c'était à cause d'eux que je voulais vous voir.

— Bah !

— En vous quittant, ces messieurs sont allés dîner à la Maison-Dorée, où je dîne quelquefois aussi.

— Vous avez lié connaissance avec eux ?

— Non, mais j'ai assisté à une scène de provocation.

— Hein? fit le baron surpris.

— L'un des deux est un grand jeune homme blond, n'est-ce pas?

— Oui.

— Eh bien! il a été provoqué...

— Par qui?

— Par un autre jeune homme. Ils doivent se battre à l'heure qu'il est...

M. de Saunières étouffa un cri.

— En êtes-vous sûr ? fit-il.

— Très-sûr... J'ai entendu les mots de sept heures, de porte Maillot et de pistolets.

M. de Saunières, tout ému, sonna violemment.

— Allez me chercher une voiture, dit-il au garçon de l'hôtel.

Et il acheva de s'habiller à la hâte, ne songeant plus à ouvrir la lettre de Baptiste que, cependant, il mit dans sa poche.

— Où allez-vous ? lui dit le colonel.

— Je cours chez lui.

— Voulez-vous que je vous accompagne, baron ?

— Non, c'est inutile. Merci !...

Cinq minutes après, le baron montait dans un coupé de remise.

Il ignorait où demeurait Raymond, mais il savait l'adresse d'Olivier.

Il se fit donc conduire rue de la Victoire.

— Monsieur de Kermarieuc est-il chez lui ? demanda-t-il.

— Il vient de rentrer, lui répondit le concierge, avec un de ses amis qui s'est battu en duel ce matin, et qui est blessé...

— Blessé ! s'écria le baron tout ému.

Il s'élança dans l'escalier et ne fit qu'un bond jusqu'à la porte de M. de Kermarieuc.

Ce fut Olivier lui-même qui vint lui ouvrir.

— Ah! mon ami, lui dit le jeune homme en lui sautant au cou, mon pauvre Raymond a failli être tué... Venez!... venez!...

Olivier entraîna Raoul dans sa chambre à coucher, où on avait transporté Raymond.

Raymond, tout sanglant, à demi évanoui, était couché sur le lit et venait de subir un premier pansement.

CHAPITRE QUARANTIÈME

XL

Deux médecins étaient auprès de lui.

— Un pouce plus haut ou plus bas, dit l'un d'eux au baron en le voyant entrer, et tout était fini. Heureusement, la balle a tourné sur une côte et la blessure est légère. Trois semaines de repos suffiront...

M. de Saunières respira.

— Mais pourquoi s'est-il battu? demanda Raoul à Olivier.

— Il a été provoqué par un jeune homme qui se nomme Raymond comme lui.

— Raymond?

— Oui.

— Mais il a un autre nom?

— Je l'ignore.

Un éclair traversa le cerveau du baron. Il se souvint que le jeune homme dont lui avait parlé sa cousine, la veille, se nommait pareillement Raymond, et il se rappela, en même temps, les paroles mystérieuses de Baptiste.

— Messieurs, disait en ce moment l'un des deux médecins, le blessé a besoin de calme; il faut éviter toute émotion. Il commence à revenir de son évanouissement, et il est inutile qu'il voie monsieur.

Le médecin désignait Raoul.

— Venez par ici, baron, dit Olivier.

Il prit le jeune homme par le bras et le conduisit dans la pièce voisine.

— Tout cela terrible et bizarre? murmurait Raoul. Tout le monde s'appelle donc Raymond?

— Dame! fit Olivier, il est déjà assez étrange d'en rencontrer deux dans une circonstance pareille.

— J'en connais peut-être un troisième, moi.

— Vous ?

— Car, ajouta le baron, je sais maintenant pourquoi ma cousine est revenue précipitamment à Paris.

— Ah !...

— Elle est revenue pour restituer l'héritage du duc de B..., ancien pair de France, son oncle, à son fils naturel, un jeune homme du nom de Raymond, à qui, longtemps, une main mystérieuse...

Olivier interrompit brusquement M. de Saunières.

— Mais, dit-il, voilà une histoire qui ressemble singulièrement à celle de mon ami.

— Quel ami?

— Raymond, parbleu!

— Votre ami est fils naturel?

— Oui. Et tout ce qu'il sait de son père, c'est qu'il était duc et pair

Comme Olivier prononçait ces mots, les paroles de Baptiste flamboyèrent soudain dans la mémoire du baron.

— « *On est en train,* avait dit le valet de M. Vulpin, *de dépouiller M. Raymond de son nom et de sa fortune !* »

Le baron déboutonna son paletot, prit dans sa poche la lettre de Baptiste et en rompit précipitamment le cachet.

La lettre renfermait, outre les documents compromettants pour le major et son complice, le petit baron, un mémoire rédigé par Baptiste, et dans lequel il avouait le rôle actif qu'il avait joué.

Le baron lut ce mémoire, puis il le passa à Olivier.

Olivier s'écria alors :

— Maintenant, il est une chose qui ne fait plus pour moi l'ombre d'un doute. Ce jeune homme qui s'est battu ce matin avec Raymond et qui a failli le tuer est un de ces deux misérables.

— Parbleu ! c'est celui que mademoiselle de Guérigny appelle *mon cousin*...

Raymond, le vrai Raymond était hors

d'état d'apprendre le premier mot de la vérité.

Les deux jeunes gens se consultèrent sur le parti à prendre, et M. de Saunières dit :

— Je me charge de tout. Soignez votre ami... Je reviendrai dans la journée...

CHAPITRE QUARANTE-UNIÈME

XLI

Ainsi qu'il l'avait annoncé la veille au soir, le major était allé dès la pointe du jour s'installer chez *Gillet,* le restaurateur de la porte Maillot, et avait demandé un cabinet.

Là, abrité derrière une persienne, il avait vu passer successivement Raymond et ses deux témoins, puis le petit baron, accompagné des deux officiers de la garnison de Courbevoie.

Une demi-heure s'écoula, qui parut un siècle au major.

Puis il entendit le roulement d'une voiture et il reconnut celle du petit Raymond.

Alors seulement il respira.

Une voiture qui transporte un blessé ne va point aussi rondement.

La voiture s'arrêta devant la porte de Gillet, et le petit baron sauta lestement à terre.

Le major, immobile derrière sa persienne, le vit serrer la main aux deux officiers.

Puis, la voiture s'éloigna et le petit baron entra dans le restaurant.

Le major courut à sa rencontre.

— Eh bien? dit-il.

— Il n'est pas mort... Je suis un maladroit!

— Mais il est blessé?

— Oui. Seulement le médecin prétend qu'il sera sur pied dans trois semaines.

— Diable! murmura le major, voilà qui est avoir du guignon... N'importe! déjeunons... Nous allons réfléchir...

Les deux scélérats s'installèrent dans lecabinet où le major avait attendu avec tant d'anxiété le résultat du duel, et se firent servir à déjeuner.

— Maintenant causons, dit le major. C'est ce soir que tu vas chez *ta* cousine.

— Oui.

— Et qu'elle te remettra *ton* portefeuille?

— C'est probable.

— Ecoute-moi bien alors. Raymond ne pourra point s'y trouver.

— Oh! ça, j'en suis sûr.

— Et il est à peu près certain que son ami Olivier restera auprès de lui.

— Bon! Après?

— Tu n'y rencontreras que le baron, qui ne te connaît pas, et alors même que ce soir on saurait déjà que Raymond s'est battu...

— Eh bien?

— Nul ne supposera que c'est avec toi. Seulement, demain, après-demain, au premier jour, la vérité pourra surgir...

— Et alors?

— Alors, mon cher, il faudra que nous ayons *filé*...

— J'allais vous le proposer, major.

— Donc, il faut nous y prendre plus tôt que plus tard.

— Soit.

— Aujourd'hui, je vais me promener en chaise de poste. Les chemins de fer ne valent rien pour se sauver. Avec ce diable de télégraphe électrique, on vous arrête à la première station.

— C'est juste.

— Je me procurerai donc une chaise de poste, et j'irai t'attendre cette nuit à Bondy.

— Et moi, comment m'y rendrai-je ?

— Tu as un cheval de selle ?

— Oui, certes.

— Eh bien ! en sortant de chez *ta* cousine, et lorsque tu seras en possession du précieux portefeuille, tu te sauveras, et tu viendras me rejoindre à franc-étrier.

— L'idée est bonne.

— En deux jours, nous serons à la frontière.

— Et où irons-nous?

— En Allemagne. Nous achèterons là-bas une principauté quelconque, et je te ferai mon premier ministre.

— Fameux! dit le petit baron. Seulement...

— Voyons l'objection?

— Je voudrais emmener Titine.

— Cette petite des *Délassements?*

— Oui... Je lui ai promis de lui faire un sort, si je deviens riche.

— Peuh! fit le major, si cela te plaît emmène-la, ou plutôt, non, c'est moi qui, l'emmènerai.

— Ah!

— Parbleu!... Tu ne vas point la prendre en croupe, j'imagine.

— Assurément non.

— Eh bien! laisse-moi m'en charger alors...

— Comme vous voudrez.

Les deux scélérats déjeunèrent et se quittèrent vers neuf heures.

Le major retourna à Paris ; le petit baron s'en alla à Neuilly.

CHAPITRE QUARANTE-DEUXIÈME

XLII

Jeanne l'aveugle dormait encore et ne s'était pas doutée que *celui* qu'elle croyait son fils s'était battu en duel le matin même.

D'après l'avis plein de prudence du major, le petit baron passa sa journée à Neuilly.

Il aurait pu, en retournant à Paris, rencontrer Olivier en compagnie de M. de Saunières.

A cinq heures, il fit une toilette minutieuse, envoya chercher un fiacre et se rendit rue de Babylone, où on l'attendait à dîner.

Blanche le présenta à sa mère.

— Nous allons dîner en tête-à-tête, lui dit-elle. Seulement, ce soir, nous aurons quelques personnes, entre autres le baron de Saunières, mon cousin.

Le petit baron ne manquait pas de monde ; il savait être distingué. Il se posa habilement en homme épris qui abandonnerait de grand cœur les trois millions qu'on allait lui donner pour obtenir l'amour de sa cousine.

Mais Blanche fut avec lui d'une réserve extrême.

Après le dîner, comme elle le lui avait annoncé, du reste, Blanche reçut la visite de plusieurs personnes.

Alors, elle prit le jeune homme par le bras et le conduisit dans son boudoir.

— Tout à l'heure, lui dit-elle, nous serons débordés par nos invités. Profitons de notre dernier moment de liberté.

Elle le fit asseoir et continua :

— Mon cousin, le duc mon oncle, votre père, veux-je dire, m'a laissé trois millions neuf cent mille francs...

— Mademoiselle...

— Cette fortune est à vous, continua Blanche avec dignité, et il est juste que je vous la restitue.

— Mais, mademoiselle... murmura le petit baron, qui prit un air plein de dignité et d'abnégation.

Blanche ouvrit un petit meuble en bois de rose et y prit un volumineux portefeuille, le même que lui avait remis son notaire, maître Defodon.

— Voilà ces trois millions, dit-elle. Ils sont en valeurs au porteur, et je vous prie de les vérifier...

— Ah ! mademoiselle... fit le petit baron, qui eut un geste superbe.

Et il n'étendit point la main pour prendre le portefeuille.

Mais Blanche le força à l'accepter, disant :

— Je vais bientôt me marier, et je veux pouvoir lever la tête devant mon mari.

Le petit baron trouva de bon goût d'essuyer une larme absente.

— Mon Dieu! murmura-t-il tout bas, que de regrets!

Blanche feignit de n'avoir point entendu.

— Maintenant, dit-elle, venez, retournons au salon...

Le petit baron eut l'air de se faire une

violence suprême, et il mit le portefeuille dans sa poche.

Puis, malgré lui, il jeta à droite et à gauche un regard furtif, comme s'il eût cherché une issue pour s'échapper au plus vite.

Il se fit même cette réflexion.

— Je veux être pendu si dans une heure je suis encore ici!...

Comme ils allaient sortir du boudoir, un homme se montra sur le seuil.

Blanche tressaillit et son cœur se prit à battre.

Cet homme c'était Raoul; Raoul qui, sans doute, lui amenait Olivier et Raymond.

CHAPITRE QUARANTE-TROISIÈME.

XLIII

— Ah! mon cher cousin, lui dit-elle,
permettez-moi de vous présenter monsieur,
dont je vous ai raconté hier l'histoire.

Raoul et le petit baron se saluèrent.

— Monsieur, dit M. de Saunières avec une courtoisie parfaite, je serais heureux de causer avec vous quelques instants. Vous permettez ma chère Blanche?

— Mais sans doute. Vous me rejoindrez au salon. Au revoir!...

Et Blanche laissa le petit baron en tête à tête avec son cousin dans le boudoir.

Alors M. de Saunières prit le bras du faux Raymond.

— Monsieur, lui dit-il, ma cousine vient de vous remettre un portefeuille.

— En effet, monsieur, répondit le petit baron un peu interdit.

— Ce portefeuille contient des valeurs pour plus de trois millions ?

— Oui, monsieur... C'est... ma fortune.

Raoul le toisa des pieds à la tête.

— En êtes-vous sûr ? dit-il.

Le petit baron se redressa.

— Mais je l'imagine! dit-il.

— Pardon, monsieur, je vais vous mettre au courant de la situation en quelques mots...

— Mais, monsieur!...

— Ecoutez donc!... Vous ne vous appelez point Raymond...

— Hein?

— Vous n'êtes pas le fils du duc de B... Hé! vous le savez bien, puisque vous avez essayé de tuer ce matin celui qui a le droit de revendiquer ce titre.

Le petit baron pâlit.

— Vous vous nommez Auguste Bridou ; vous êtes le fils d'un ébéniste de la rue de Montmorency...

— Monsieur, vous m'insultez !

— Chut ! parlez plus bas. Vous allez me rendre ce portefeuille à l'instant ou je vous fais arrêter...

Le petit baron voulut se dégager de l'étreinte de Raoul, mais Raoul avait une main de fer.

— Vite! dit-il, le portefeuille? et sortez!

Raoul prit le bras du petit baron.

Le petit baron comprit que, s'il ne voulait aller coucher à la Conciergerie, il lui fallait rendre le portefeuille.

Il le rendit.

Alors M. de Saunières lui dit :

— Prenez mon bras, rentrons dans le salon, et esquivez-vous sans bruit.

. . . .

. . . .

Deux minutes après, le baron s'approcha de sa cousine et lui dit :

— *Celui* que vous aimez ne viendra point ce soir.

— Mon Dieu! fit-elle pâlissant.

— Mais rassurez-vous, il vient de gagner, à un petit accident qui lui est arrivé ce matin, un titre de duc et quatre millions. Chut! je vous expliquerai cela plus tard.

CHAPITRE QUARANTE-QUATRIÈME

XLIV

Cependant M. le major Samuel, officier prussien en disponibilité, disaient ses cartes de visite, se promenait de long en large, à dix heures du soir, devant la porte de l'unique auberge de Bondy.

La nuit était noire et silencieuse. Une chaise de poste était devant la porte, et le postillon n'attendait qu'un ordre pour atteler.

— Les trois millions se font bien attendre, murmurait le major avec impatience, tout en secouant la cendre de son cigare.

Tout à coup le galop lointain d'un cheval retentit sur la route sonore qui traverse la forêt.

— Le voilà! dit le major.

Et il rentra dans l'auberge où une jeune femme, appartenant au monde interlope de Paris, se chauffait au coin du feu, enveloppée dans une pelisse de voyage.

— Venez, mon enfant! dit le major.

Il la prit par le bras et la fit monter dans la chaise de poste.

Puis il s'assit à côté d'elle, criant au postillon :

— Vite ! les chevaux !

Tandis que le postillon attelait, le galop se rapprochait peu à peu, et bientôt un cavalier s'arrêta à la portière de la berline de voyage.

Et s'adressant à la jeune femme étonnée :

— Ne vous appelez-vous point Augustine ? dit-il.

— Oui, monsieur, répondit-elle étonnée.

— Et l'homme qui est là près de vous est le major Samuel?

— Que me voulez-vous? demanda brusquement le major.

— Monsieur, répondit froidement le cavalier, je suis officier de paix, et je suis porteur d'un mandat d'arrestation dirigé contre un sieur Walter, ancien forçat autrichien, avec lequel vous avez une parfaite ressemblance.

— Je suis perdu ! murmura le major...

CONCLUSION

Un mois après les événements que nous venons de raconter, une longue file d'équipages armoriés encombrait les alentours de l'église Saint-Thomas-d'Aquin.

On célébrait deux mariages dans la paroisse aristocratique.

Le premier était celui de M. le baron Raoul de Saunières avec la pauvre veuve sans fortune, madame de Bertaut, dont le premier mari avait trouvé une mort glorieuse sous les murs de Sébastopol.

Le second mariage était celui de mademoiselle Blanche de Guérigny; qui épousait son cousin, M. le duc Raymond de C..., à qui un décret impérial avait octroyé le droit de porter le nom et le titre paternel.

Quand le cortége sortit de l'église, on put voir marcher derrière les jeunes époux une femme encore belle, malgré sa cécité, et qui pleurait à chaudes larmes.

C'était Jeanne l'aveugle, que le loyal et bon Olivier de Kermarieuc conduisait respectueusement par la main.

FIN DU TROISIÈME ET DERNIER VOLUME.

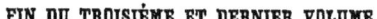

Wassy. — Imprimerie de Mougin-Dallemagne.

EN VENTE

LE ROI DES GUEUX
par PAUL FÉVAL, auteur de : le Bossu, la Louve, l'Homme de Fer, etc., etc.

LE PAYS DES AMOURS
par MAXIMILIEN PERRIN, aut. de : une Nouvelle Rigolboche, les Coureurs d'Amourettes, l'Ami de ma Femme, les Folies de Jeuness

FLEURETTE LA BOUQUETIÈRE
par EUGÈNE SCRIBE, auteur de : les Yeux de ma Tante, le Filleul d'Amadis, etc.

LE SERMENT DES QUATRE VALETS
Roman historique par le vic. PONSON DU TERRAIL, aut. de : les Compagnons de l'Épée, la Belle Provençale, la Cape et l'Épée, etc.

LA HAINE D'UNE FEMME
par HENRY DE KOCK, auteur de : Morte et Vivante, le Médecin des Voleurs, les Femmes honnêtes, Brin d'Amour, etc., etc.

LES GANDINS
par le Vicomte PONSON DU TERRAIL, auteur de : la Jeunesse du roi Henri, la Dame au Gant noir, le Diamant du Commandeur, etc

LES GRANDS DANSEURS DU ROI
par CHARLES RABOU, auteur du Cabinet noir, les Frères de la Mort, la Fille Sanglante, le Marquis de Lupian.

Paris. — Imprimerie de P.-A. BOURDIER et Cⁱᵉ, rue Mazarine, 30.

www.ingramcontent.com/pod-product-compliance
Lightning Source LLC
Chambersburg PA
CBHW071506160426
43196CB00010B/1437